एक हसीन सफ़र

कल्याण कुमार

Copyright © Kalyan Kumar
All Rights Reserved.

This book has been published with all efforts taken to make the material error-free after the consent of the author. However, the author and the publisher do not assume and hereby disclaim any liability to any party for any loss, damage, or disruption caused by errors or omissions, whether such errors or omissions result from negligence, accident, or any other cause.

While every effort has been made to avoid any mistake or omission, this publication is being sold on the condition and understanding that neither the author nor the publishers or printers would be liable in any manner to any person by reason of any mistake or omission in this publication or for any action taken or omitted to be taken or advice rendered or accepted on the basis of this work. For any defect in printing or binding the publishers will be liable only to replace the defective copy by another copy of this work then available.

क्रम-सूची

लेखक

लेखक

कल्याण कुमार

श्री कल्याण कुमार एक युवा लेखक हैं। उन्होंने हाल में ही न्यू यॉर्क में भारत का प्रतिनिधित्व किया था और उन्हें 'बेस्ट बुक ऑफ दी ईयर ' में दूसरा स्थान मिला! उनकी 6 किताबे प्रकाशित हो चुकी है और सभी ने कई कीर्तिमान रचे है। उनकी एक पुस्तक 'दी जर्नी टू फ्रीडम' हिमाचल प्रदेश के स्कूल में भी पढाई जा रही है! उनकी एक और पुस्तक 'दी आर्ट ऑफ पोएट्री' को 2021 में प्रेरणादायी बुक का खिताब मिला था!

वे अकेले भारतीय है जिन्होंने MCS न्यू यॉर्क में काम किया है! कल्याण कुमार ने अपनी छोटी सी उम्र में ही एक बड़ा नाम बना लिया है। यह पुस्तक उनकी 7th पुस्तक है जो एक हिन्दी कविता का संग्रह है।

जिंदगी की किताब सभी को दी भगवान ने,
किसी ने शिकायतों से पूरा पन्ना भर दिया
तो कोई हर राह से मिला तजुर्बा लिखता रहा।

अकेला

दिन शुरू होता है हर रोज,

कुछ नया करने का होता है बोझ।

जब भी कुछ नया करना चाहेगा,

खुदको अकेला ही पाएगा।

और जिस-जिस के आज गीत गाएगा,

वो ही तेरी खुशी में नही आयेगा।

जब भी सफलता की सीढ़ी चढ़ते जायेगा,

तो खुदको अकेला ही पाएगा।

अगर आज मानेगा हार तो कल क्या खाएगा।।

मेरा देश गरीब चलाता है

मेरा देश गरीब चलाता है

मेरा देश गरीब चलाता है

अलग-अलग लिबास में

अपना फर्ज निभाता है

कभी खेत का किसान

कभी शहर का मजदूर बन जाता है

मेरा देश गरीब चलाता है ।।

सोता है खुद झुग्गी मे

लोगो का महल बनाता है

खुद रोशनी से वंचित रहकर

देश को जगमगाता है

मेरा देश गरीब चलाता है ॥

खुद अन्न से वंचित रहकर,

लोगो की थाली सजाता है,

लोगो से घृणा मिलने पर भी,

उनका सम्मान किए जाता है

मेरा देश गरीब चलाता है ।

काश! मैं भी चिड़िया होता।

चिड़िया को देखा तो सोचा,

काश! मैं भी चिड़िया होता।

खाता-पीता दिन में,

रात को मज़े में सोता।।

अब तो सबकी बातों को सुनना पड़ता है।

दिनभर जिंदगी में एक जाल सा बुनना पड़ता है।।

इतने में पूछ बैठा, मैं चिड़िया से

"इतना आराम कहां से मिलता है?"

चिड़िया ने हँसकर कहा,

"आराम कहां है दोस्त?

तिनका-तिनका चुनना पड़ता है।"

वो,जा रहा है!

मुसीबतों के भवर में वो,

फंसता यूं चला जा रहा है ...

खुद पर हिम्मत रखने वाला,

आज डरता चला जा रहा है।

रोता है वो इस कदर,

पास ना उसके अब कोई रहा है....

गमों के रुमाल से वो,

आंसू पोंछता जा रहा है।

मुस्कुराहट का शौकीन वो, उसपर

ज़माना नजर ऐसी लगता जा रहा है.....

"क्या हालत है आखिर उसकी,

कैसे वो जिए जा रहा है" ?

परेशानियों की दीमक से वो,

खोखला होता जा रहा है.....

जब ना दिखे वो तो समझ लेना

अये मेरे दोस्त....

ज़िन्दगी को अपनी ख़ाक में बना

दूर कहीं चला जा चुका है।

कोरोना को दू विदाई या बधाई ?

कोरोना को दू विदाई या बधाई ?

यह बात आज समझ न आई

आज इसने सबमे मानवता है जगाई,

पहली बार देश में सहयोग की शक्ति नज़र आई।

क्या हिन्दू क्या मुसल्मान,

सबने आगे की होड़ है लगाई।

आज लगा हमने सच्ची होली और दिवाली मनाई,

हर एक में दूसरे की जान की परवाह नज़र आई।

समझ न आए किसका धन्यवाद करुं ?

देश के प्रधान मंत्री का ??

पर यह राह वो ईश्वर ने सदियों से दिखाई,

"जियो और जीने दो"

यही कला तो कबसे है सिखलाई।

पर चलो कोरोना से ही मानव को,

कम से कम अब तो समझ आई ।

आज प्रतिज्ञा कर हम सब,

खुद से चलेंगे उस राह पर,

जो ईश्वर ने है दिखाई ।

हम ज़रूर जीतेंगे यह लड़ाई,

कोरोना को दू विदाई या बधाई ?

यह बात आज समझ न आई ॥

चलो

चलो आज कुछ नया लिखते है, इन आंखों से कुछ नया देखते
है।

छाया है जो अंधियारा जीवन में, उसके लिए एक नई रोशनी
ढूंढते है।

चलो इन मुस्किलो को पार करने का नया कदम उठाते
है,आपने पिछले बुरे पलो को भुलाते है।

चलो जिंदगी को एक नई मोर देते है ,खुद के लिए नई मंजिल
बनाते है।

चलो हौसलों को नई उड़ान देते है, पुराने गमो को विराम देते
है।

चलो आज कर लेते हैं कुछ ऐसी जिद, जो मकसद को नया
अंजाम देते है।

चलो आज चुन लेते है, एक ऐसा दिन जो जीवन को नया
मकाम देते हैं।

राजा यहां कौन है ?

राजा यहां कौन है ?

है कौन रंक फकीर यहां ?

सब मोह माया है।

मुस्कुराती चेहरों में छलावा,

प्यार भरी बातों में विश घुला है यहां ।

अपना यहां कौन है ?

है कौन पराया यहां?

ढूंढ पाना है बड़ा मुश्किल यहाँ।

ओढ़े अपनेपन के साए

धोखे बैठे है यहां।

सच नही है किसी का चेहरा,

दिखता सब धुंधला है यहां ।

मुखौटे के पीछे कौन है ?

जाने कोई कैसे यहां ?

न कर किसी का भरोसा ऐ मेरे दोस्त,

दिखावे के सिवा और कुछ नहीं है यहां।।..

वक़्त

ए गुजरने वाले वक़्त थोड़ा थम सा जा।

यूं अधूरे वक़्त मै मुझे ना तड़पा,

मुझे पता है तू फिर कभी लौट कर ना आएगा

तो समेट लेने दे वो पल वो यादे

जो कि थी सभी से मैंने बाते,

ताकि मै याद करूं तो अधूरा ना लग पाएगा

फिर तुझे जाना है तो तू जाएगा

ए वक़्त तू फिर कभी लौट कर ना आएगा।

ए गुजरने वाले वक़्त थोड़ा थम सा जा।

ए गुजरने वाले वक़्त थोड़ा थम सा जा।

लोग क्या कहेंगे

उलझने बढ़ती जा रही है,

कि लोग क्या कहेंगे।

दिल क्या चाहता है ये भूल कर,

लोगो की सुने जा रहे हैं

खुद के लिए जीना भूल कर,

औरों के लिए जिए जा रहे हैं।

सोचते हैं जिंदगी बहुत बड़ी है,

काम किए जा रहे हैं।

इसी कशमकश में,

जिंदगी के पन्ने पलटे जा रहे हैं।

उतना तो जिए भी नही है,

जितना बेवजह रोज मरते जा रहे हैं।

नारी - एक समर्पण

वो ममता की प्रतिमा है,

और पवित्रता की मिसाल है

उसके रूप में सुन्दरता भी है,

और वो अथाह प्रेम की भंडार है...

अपनी मासूमियत से वो सभी के दिलो को जीत लेती है....

अपनो के लिए अपनी खुशियों को कुर्बान कर देती है...

लेकिन ना कभी किसी से कोई शिकवा न शिकायत करती है...

कभी मां, कभी बहन, और कभी अद्र्धांगिनी बन जाती है,

किंतु अपने हर रूप में नारी समर्पण का अंतिम चरण कहलाती है....

लोग मेरे बारे में क्या सोचेंगे

मुझे फर्क नहीं पड़ता लोग मेरे बारे में क्या सोचेंगे,

क्योंकि एक दिन ऐसा आएगा,

जिस दिन वो खुद मुझे सलाम ठोकेंगे...।

मुझे परवाह नहीं लोग मेरे बारे में क्या सोचेंगे

मेरे रब को पता है मैंने कभी किसी का बुरा नहीं चाहा,

मुझे परवाह नहीं के लोग मेरे बारे में क्या सोचेंगे

परवाह तो इसकी है की हम ज़िन्दगी में क्या बनेंगे...।

बोलने वाले हजारों आए, नाम रखने वाले करोड़ों आए

पर उनके बोलने से क्या होता है जनाब,

जैसे आए वैसे ही लौट के गए... ।

किसी के बोलने से सपना कभी चुर नहीं होता,

क्त के समय काम आए, ऐसा कोई अपना दूर नहीं होता...।

हिम्मत और दिल ऐसा बनाओ की कभी आपकी हार ना हो,

और हार हो भी गई तो उम्मीद बस इतनी रखना कि

हर तरफ जयजयकार मेरी ही हो...।

तू चलते जा

यहाँ तक तू आया जैसे,

आगे भी तू चलते जा ।

जिंदगी लेगी अनगिनत परीक्षाएं,

तू धैर्य बाँध के लड़ते जा ।

सफ़र माना नामुमकिन लगे,

तू मंजिल ध्यान में रखते जा।

विश्वास जब टूटने लगे,

अपनों का हाथ छूटने लगे,

तू निडर निश्चय कर,

तू कठिन परिश्रम कर ।

यहाँ तक तू आया जैसे,

आगे भी तू चलते जा ।

लक्ष्य ना होगी असान तेरी,

बस तू खुद पे हौसला रखते जा ।

कठिनाइयों से डरना नहीं,

तू थक हार कर बैठना नहीं ।

विश्वास बाँध कर, लक्ष्य मान कर,

मंजिल की ओर बढ़ते जा |

यहाँ तक तू आया जैसे,

आगे भी तू चलते जा।

वो लड़का है जनाब

खामोश होकर, चुप रहकर, कुछ बताता नही है

वो लड़का है यह सोच कर कुछ जताता नही है

दुख वो भी लिए बैठा है आंखे उसकी भी नम है

फिर भी होकर शांत दिखाता है गम उसके कम है

कभी बेटा, कभी बाप तो कभी भाई बनकर रोया है

कोन जाने आखिरी बार कब चेन से वो सोया है

मन्नतो में भी जो अपनो की दुआएं मांग आता है

अपने टूटे ख्वाबो से जो सपने सबके सजाता गम

खामोश होकर, चुप रहकर, कुछ बताता नही है

वो लड़का है यह सोच कर कुछ जताता नही.......

पुराना घर

टूटकर बिखर गया इंट से इंट

उस पुराने घर को फिर भी है जमीं से प्रीत

खिड़की दरवाजे भी छोड़ गए

वृक्ष की शाखाएं गाती घर पे अब वृद्धि गीत।।

सदियों पुरानी यह बात नहीं

मगर वो घर लिया है कई सदियों को जीत।।

इंसान वहां का निवासी नहीं है

उसने भी छोड़ा नहीं अबतक इंसानों से मीत।।

युवा घर उसे देख इठलाता है

उसने कितने मौसम देखे फिर भी है विनीत।।

वो नया घर क्यूं इठलाता है

भूल गया क्या रे पुराना होना है जग में रीत।।

आज ना कोई है पूछने वाला

मगर वो भी कभी अपने जमाने में होगा सित।।

ये ज़िन्दगी

कभी हस्ती है, कभी खेलती है,

ये ज़िन्दगी ।

कभी आँखों के पन्नों में छुप जाती है,

ये ज़िन्दगी ।

मेजाज़ इसका भी अजीब है,

कभी सुकून चाहती है, तो कभी खुद से ही लड़ती है,

ये ज़िन्दगी।

आसान नहीं है इसकी गहराईयों को समझ पाना,

खुद में डूबा कर निगल जाती है,

ये ज़िन्दगी ।

धोखा भी इसका अनोखा है,

जीना सीखा कर, राख तक पहुँचाती है,

ये ज़िन्दगी ।।